Hallo!

In den Geschichten findest du an einigen Stellen Profifragen zum Text.

Deine Antworten kannst du mit einem Lesezeichen überprüfen. Das findest du ganz hinten im Buch.

Es ist dein Lösungsschlüssel!

MIX
Papier aus verantwortungsvollen Quellen
FSC® C084279

Erschienen bei FISCHER Duden Kinderbuch

Lektorat: Sophia Marzolff
Fachberatung: Ulrike Holzwarth-Raether
Gestaltungskonzept: Farnschläder & Mahlstedt, Hamburg
Layout: Michelle Vollmer, Mainz
Umschlagkonzept: Frauke Schneider, Wittighausen

Druck und Bindung: Print Consult GmbH, München
Printed in the Czech Republic
ISBN 978-3-7373-3241-5

Leseprofi

Endlich in der Schule!

Geschichten zum gemeinsamen Lesen

Luise Holthausen, Christian Tielmann

mit Bildern von Sandra Reckers und Daniela Kunkel

FISCHER Duden Kinderbuch

Inhalt

Schnuppertag in der Monsterschule

Buhu ist ein kleines Monster.

Er ist laut und wild

und macht dauernd Unsinn.

„Morgen hast du Schnuppertag

in der Monsterschule“,

sagt Mama Monster.

BUHU freut sich.

„Da musst du still sitzen

und leise sein“,

mahnt Papa Monster.

Am nächsten Morgen

schlurft Buhu zur Schule.

Still und leise zu sein,

das findet er DOOF.

Da sieht er die Monsterkinder

auf dem Schulhof.

Sie TOBEN.

Buhu tobt mit!

DING, DONG.

Die Schulglocke läutet.

Alle Monster

rennen ins Klassenzimmer.

Profifrage 1

Worauf stehen die kleinen Monster?

NA, SO WAS,

alle stehen auf den Stühlen!

Schnell klettert Buhu

auf einen freien Platz.

Trampel, trampel,

da kommt Lehrer HAMPEL.

Er knallt die Tür zu.

„Wer ist heute

zum Schnuppertag gekommen?“,

röhrt er.

Buhu meldet sich.

„Wir begrüßen DICH
mit unserem Morgenlied“,
sagt Lehrer Hampel.

Die Monsterkinder grölen:

„LA, LE, LU,

alle Monster machen buh.“

Danach haben sie Schreckstunde.

Ein rosa Monster

stürzt sich auf BUHU.

Buhu fällt fast vom Stuhl.

„Jetzt du“, sagt ROSA.

Buhu wedelt mit den Armen.

„Na ja“, meint Rosa.

Hampel, hampel,

da kommt Lehrerin TRAMPEL.

Bei ihr haben sie Fratzenstunde.

Sie trötet:

„WER in dieser Klasse

zieht die grässlichste Grimasse?“

Rosa verdreht die AUGEN

und fletscht die Zähne.

„Gruselig“, kichert Buhu.

Profifrage 2

Was verdreht Rosa?

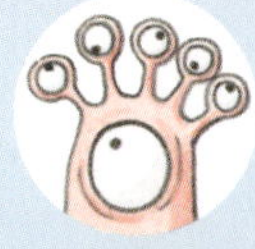

Er streckt die **ZUNGE** raus

und röchelt.

„Schon viel besser!“, ruft Rosa.

DING, DONG.

Alle Monsterkinder

springen von ihren Stühlen.

RUMS,

die Stühle kippen um.

„Komm, wir haben Brüllstunde“,

ruft Rosa Buhu zu.

Zusammen schlappen sie

zur Brüllhalle.

Humpel, pumpel,

da kommt Lehrer **RUMPEL.**

Profifrage 3

Welche Glocke läutet in einer Schule?

Er verkündet:

„Jedes Kind ist einmal dran.

Wer sich TRAUT,
brüllt richtig LAUT.“

Das kleinste Monsterkind

stellt sich auf die Zehenspitzen.

Es macht PIEPS.

„Lauter!“, sagt Lehrer Rumpel.

Rosa ruft PUPS!

„Lauter!“, ruft der Lehrer.

Da brüllt Buhu los:

„Buuhuu!“

Und noch mal: BUUUHUUU!

Das macht richtig Spaß!

Lehrer Rumpel lächelt.

„Buhu, du bist wirklich

reif für die Schule.

WIR FREUEN UNS AUF DICH."

Nach der Schule kommen

Papa und Mama Monster.

Sie fragen:

NA, WIE WAR ES?

„Ganz schön LAUT“,

sagt Buhu zufrieden.

Das alles kannst du schon lesen!

BUHU

JUHU!

ROSA

LA, LE, LU

DING, DONG

RUMS

PIEPS

PUPS

WER

WAS

ICH

DICH

HAMPEL

TRAMPEL

RUMPEL

AUGEN

ZUNGE

TOBEN

TRAUT

LAUT

DOOF

NA, SO WAS

NA, WIE WAR ES?

WIR FREUEN UNS AUF DICH!

Die tollste Schultüte der Welt

Jette und Mama sind umgezogen.

Sie haben eine neue Wohnung.

In einer neuen Stadt.

Sind das viele Kisten!

UFF!

JETTE ist 6 Jahre alt.

Sie kommt in die Schule.

Aber sie kennt keinen.

OJE!

MAMA ist 40 Jahre alt.

Sie ist Lehrerin.

Sie kommt auch

an Jettes Schule. TOLL!

Mama hat eine Liste bekommen.

Darauf steht, was Jette braucht.

JETTE und MAMA

gehen einkaufen.

Profifrage 1

Was bekommt Jette für die Schule?

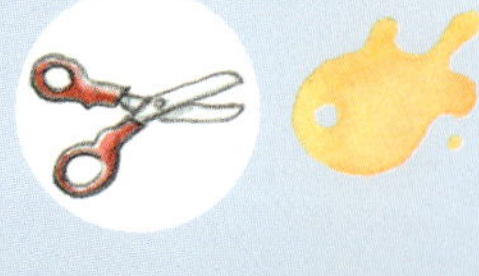

Jette kriegt viele neue Sachen:

Mäppchen, Malblock, Farben,

Schere, Kleber, Knete.

SUPER!

Mama braucht auch Sachen:

Sie kriegt neue Bleistifte

und einen Stift,

der schreibt ROT.

Jette hat schon

eine Schultasche.

Die hat OPA ihr geschenkt.

Auf der Tasche sind Delfine.

Jette freut sich
auf die SCHULE.
Aber ihr Bauch grummelt.
Jette hat ein bisschen Angst.

Mama hat auch
ein bisschen Angst.
Aber sie freut sich trotzdem
schon sehr.

Am Samstag wacht Jette auf.

Es ist noch Nacht.

Mama bastelt etwas.

Was gibt das? Einen HUT?

Nein, das wird kein **HUT!**

Das wird eine Schultüte.

Schultüten findet sie **GUT.**

Jette hat einen Plan.

Am MONTAG ist erster Schultag.

Für Jette und für Mama.

Jette kriegt von Mama

eine Schultüte.

Jette hat eine Überraschung:

Sie hat auch gebastelt.

Eine Schultüte für Mama.

GANZ ALLEIN.

Auf dem Schulhof

sind schon viele Kinder.

JETTE HÄLT MAMAS HAND.
MAMA HÄLT JETTES HAND.

Profifrage 2

Welchen Vogel hat Mamas Klasse?

Jette kommt in die Löwenklasse.

Mama kriegt die Möwenklasse.

Jette ist jetzt LÖWE.

Mama ist jetzt MÖWE.

Jettes Lehrerin heißt Frau MAI.

Frau Mai ist nett.

Neben Jette sitzt MIKA.

Mika ist auch nett.

Frau Mai kennt ALLE NAMEN,

aber noch nicht alle Gesichter.

Das muss sie lernen.

Das wird ihre Hausaufgabe.

Die Löwenklasse

kriegt auch eine Aufgabe:

Jeder schreibt

seinen Lieblingsbuchstaben.

Alle bekommen einen Stundenplan.

Jette hat jeden TAG

zur ersten Stunde Schule.

Und immer genau vier Stunden.

Dann ist der Schultag zu Ende.

WAS? WIE?

Schon vorbei?

Das war viel zu kurz, Frau Mai!

Mama und ihre Möwen

sind auch schon fertig.

Alle Kinder rennen raus.

DIE MÖWEN UND DIE LÖWEN.

Jette und Mama gehen nach Hause.

Jette findet die Schule gut.

Mama findet die Schule auch gut.

WIE GUT!

Profifrage 3

Was ist nicht süß?

Was ist in Jettes Schultüte?

Kleine Geschenke und Lakritze!

Lakritze findet Jette spitze.

Auch in Mamas TÜTE ist Süßes.

Am DIENSTAG

ist Jette früh wach.

Viel zu früh, findet Mama.

Jette hat keine Angst mehr.

Sie hat nur noch

Freude im Bauch.

Mama steht endlich auf.

Jette freut sich auf Mika.

Und auf Frau Mai.

Und auf das LESEN

und RECHNEN.

„Hallo, Jette!“, ruft da jemand.

Das ist Mika. Jette rennt los.

„Tschüs, Mama.

BIS ZUR PAUSE!“

Das alles kannst du schon lesen!

JETTE

MAMA

OPA

MIKA

UFF!

OJE!

AU WEIA!

LOS!

NEIN.

HMM …

LÖWE

MÖWE

TÜTE

ROT

MAI

GUT

HUT

SUPER!

WAS?

WIE?

TOLL!

Klebefläche

Klebefläche

TAG

MONTAG

DIENSTAG

SCHULE

LESEN

RECHNEN

NA GUT

NUR MUT

GANZ ALLEIN

ALLE NAMEN

BIS ZUR PAUSE

JETTE HÄLT MAMAS HAND.

MAMA HÄLT JETTES HAND.

DIE MÖWEN UND DIE LÖWEN.

Leseprofi von Duden – von Anfang an richtig

1. Klasse

Jeweils 48 Seiten, gebunden.

Total verrückt nach Fußball
ISBN 978-3-7373-3217-0

Der Zoo der sprechenden Tiere
ISBN 978-3-7373-3230-9

Ein Fohlen kommt zur Welt
ISBN 978-3-7373-3220-0

Die geheimnisvolle Schatzkarte
ISBN 978-3-7373-3218-7

2. Klasse

Jeweils 64 Seiten, gebunden.

Spuk auf Burg Finsterfels
ISBN 978-3-7373-3211-8

Drachenjagd für Anfänger
ISBN 978-3-7373-3216-3

Voll verknallt in Lilli
ISBN 978-3-7373-3215-6

Ella und die Coole von der Schule
ISBN 978-3-7373-3221-7

www.duden-leseprofi.de

TAG

MONTAG

DIENSTAG

SCHULE

LESEN

RECHNEN

NA GUT

NUR MUT

GANZ ALLEIN

ALLE NAMEN

BIS ZUR PAUSE

JETTE HÄLT MAMAS HAND.

MAMA HÄLT JETTES HAND.

DIE MÖWEN UND DIE LÖWEN.

Leseprofi von Duden – von Anfang an richtig

1. Klasse

Jeweils 48 Seiten, gebunden.

Total verrückt nach Fußball
ISBN 978-3-7373-3217-0

Der Zoo der sprechenden Tiere
ISBN 978-3-7373-3230-9

Ein Fohlen kommt zur Welt
ISBN 978-3-7373-3220-0

Die geheimnisvolle Schatzkarte
ISBN 978-3-7373-3218-7

2. Klasse

Jeweils 64 Seiten, gebunden.

Spuk auf Burg Finsterfels
ISBN 978-3-7373-3211-8

Drachenjagd für Anfänger
ISBN 978-3-7373-3216-3

Voll verknallt in Lilli
ISBN 978-3-7373-3215-6

Ella und die Coole von der Schule
ISBN 978-3-7373-3221-7

www.duden-leseprofi.de

Leseprofi

Leseprofi

Klebefläche

Klebefläche